NOTICE BIOGRAPHIQUE

SUR

M. L'ABBÉ COCHET

ACCOMPAGNÉE DE LA NOMENCLATURE COMPLÈTE
DE SES OUVRAGES

PAR MICHEL HARDY

ET D'UN PORTRAIT LITHOGRAPHIÉ PAR M. CH. DUCHESNE

ROUEN

CH. MÉTÉRIE, LIBRAIRE-ÉDITEUR,

11, rue Jeanne-d'Arc, 11,

—

M.DCCC.LXXV.

M. L'ABBÉ COCHET.

DE L'IMPRIMERIE PAUL LEPRÊTRE ET Cie, DIEPPE.

Duchesne del.   Imp. Lemercier & Cie Paris

NOTICE BIOGRAPHIQUE

SUR

M. L'ABBÉ COCHET

ACCOMPAGNÉE DE LA NOMENCLATURE COMPLÈTE
DE SES OUVRAGES

PAR MICHEL HARDY

ET D'UN PORTRAIT LITHOGRAPHIÉ PAR M. CH. DUCHESNE

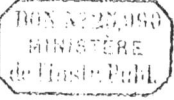

ROUEN

CH. MÉTÉRIE, LIBRAIRE-ÉDITEUR,

11, rue Jeanne-d'Arc, 11,

M.DCCC.LXXV.

AVIS.

Nous avions rédigé cette Notice du vivant même de M. l'abbé Cochet comme un hommage rendu à son talent et pour lui procurer en ce monde une dernière consolation. La Providence a devancé nos projets. Au moment où nous nous apprêtions à partir pour Rouen, afin de présenter à notre vénéré maître et ami les épreuves de notre travail, une dépêche télégraphique est venue nous apprendre qu'il était trop tard.

Le cœur brisé, nous nous sommes contenté d'inscrire une date funéraire à la fin de cette esquisse biographique, simple souvenir offert aux amis de M. l'abbé Cochet.

Nous remercions M. Duchesne, professeur à l'Académie de peinture de Rouen, d'avoir bien voulu doubler la valeur de notre brochure en l'ornant d'un portrait lithographié, dont la ressemblance exacte le dispute avec la finesse du dessin.

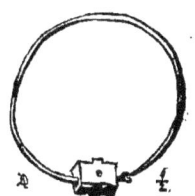

M. L'ABBÉ COCHET.

M. l'abbé Cochet (Jean-Benoît-Désiré) naquit à Sanvic, près du Havre, le 7 mars 1812.

Son père, vétéran des troupes de Napoléon 1er, était à cette époque gardien de la batterie de Sanvic, dite aussi batterie de la Briqueterie, dont l'emplacement a été depuis annexé au territoire de la ville du Havre.

Bientôt, en 1814, Etretat fut assigné pour résidence au vieux garde-côte et c'est dans ce gracieux pays, au milieu d'une population toute naïve dans sa foi et aux mœurs primitives, que grandit notre futur archéologue.

Lui-même, dans des pages charmantes de poésie et de gaîté (1), nous a initiés plus tard à ces premières années de sa vie.

Qui pourrait oublier le brave magister Maitre Victor Duprey et le vénérable curé Sence, ancien novice bénédictin de l'abbaye de Fécamp, premiers maîtres de M. l'abbé Cochet?

(1) *Bulletin d'Etretat,* 4me année, 1862.

En 1827, M. l'abbé Robin, curé de Notre-Dame du Havre et depuis évêque de Bayeux (1836-1855), frappé des heureuses dispositions du jeune Cochet, le fit entrer au collége du Havre et ne cessa plus de s'intéresser à lui.

Honneur et reconnaissance soient rendus à la mémoire de ce digne ecclésiastique ! Il ne fut assurément que l'instrument de la Providence, mais on ne peut méconnaître que la science et la religion lui sont redevables de l'une de leurs plus belles illustrations.

Les progrès de l'enfant d'Etretat furent rapides. Du collége du Havre, où il ne fit qu'une courte apparition, il passa au petit Séminaire du Mont-aux-Malades, où sa prédilection pour les études historiques le fit bientôt remarquer.

Enfin, en 1831, se vouant désormais à l'état ecclésiastique, il entrait au grand Séminaire de Rouen.

Il y était depuis trois ans, partageant son temps entre l'étude de la philosophie et du droit canon et celle de l'histoire, quand il reçut la visite d'un antiquaire de haute distinction, M. Emmanuel Gaillard, membre de l'Académie de Rouen.

« Cette visite, nous dit fort bien M. Brianchon (1), décida de l'avenir du jeune séminariste. Jusqu'alors, tourmenté d'une soif indicible de connaître, et comprenant instinctivement que le dernier mot de la science ne se résumait pas fatalement dans la facture d'un vers latin, il s'en allait inquiet, rêveur, demandant leur secret, faute de mieux, aux coquilles et aux plantes de la grève d'Etretat, et cherchant partout sa voie sans la rencontrer nulle part. M. Emmanuel Gaillard vit clair au milieu de ces ténèbres. Il prit le jeune lévite comme par la main, lui montra l'histoire émergeant des ruines, et la Normandie compta un archéologue de plus. »

(1) Cf. Une excellente notice consacrée par M. Brianchon à la biographie de M. l'abbé Cochet dans le *Bulletin d'Etretat*, année 1862, pp. 89-99.

Deux lettres qu'il avait reçues de M. Cochet sur l'existence d'une villa romaine à Etretat et sur divers objets du moyen-âge rencontrés dans cette commune, avaient sans doute excité la curiosité du savant antiquaire. Quand il connut leur auteur, il devint de suite son protecteur le plus fervent et, sans plus tarder, le fit nommer Membre correspondant de la Commission départementale des antiquités (26 mars 1834).

Fondée en 1818, sous les auspices de M. de Kergariou, cette Société s'était donné la mission de sauvegarder nos vieux monuments et d'enregistrer soigneusement toutes les découvertes archéologiques que chaque jour voit se produire dans notre département.

Un commun amour des choses de l'antiquité unit tous ses membres et, en même temps qu'il s'épure et se développe sans cesse par l'échange des idées, il établit entre eux les relations les plus aimables.

On ne saurait le méconnaître, l'entrée de M. Cochet dans cette Société que plus tard il devait lui-même diriger avec tant de distinction, exerça sur sa carrière scientifique la plus heureuse influence.

Dès l'année 1835, il adressait à la Commission des antiquités une notice sur la crypte romane de Saint-Jean d'Abbetot, découverte en 1828 par M. Emmanuel Gaillard, et obtenait de faire classer cette chapelle souterraine parmi nos monuments historiques.

C'est aussi dans cette même année (juillet 1835) qu'il exécuta dans la villa romaine d'Etretat sa première fouille archéologique (1).

Les devoirs du sacerdoce vinrent toutefois suspendre pour quelque temps ses recherches scientifiques.

Promu à la prêtrise en 1836 par Mgr de Croï, il fut nommé vicaire de Saint-François du Havre.

(1) *Le Havre et son Arrondissement*, 2me éd. Havre, Morlent, 1845 (Etretat), pp. 12-15. — *Revue de Rouen*, 1842, p. 135. — *Normandie souterraine*, 1re éd. 1854, pp. 332-338 ; 2me éd. 1855, pp. 417-420.

Des fondations pieuses, parmi lesquelles nous citerons l'établissement au Havre d'une Société de Saint-François-Régis pour le mariage des pauvres, marquèrent cette première période de son ministère.

En 1839 il ouvrit la série de ses publications par une étude historique intitulée : *Etretat et ses environs*, gr. in-8° de 60 p. avec 3 jolies grav. impr. au Havre chez Morlent.

Nous nous bornerons à signaler cette brochure que tant d'autres travaux bien autrement importants devaient suivre.

De la paroisse Saint-François du Havre, M. l'abbé Cochet passa à celle de Saint-Remy de Dieppe en 1840 et, dix-huit mois après, fut nommé aumônier du Lycée de Rouen.

Son séjour n'y fut que de courte durée. Epuisée par un travail excessif, sa santé ne lui permit plus l'exercice des fonctions sacerdotales et, en 1846, il revint à Dieppe où il se fixa définitivement.

C'est là, dans sa maison de la rue d'Ecosse, près la place du Puits-Salé, qu'il a écrit la plus grande partie de ses ouvrages.

Nous voudrions transporter le lecteur dans le cabinet de travail de M. l'abbé Cochet où tant de savants français et étrangers sont venus tour à tour goûter le charme de sa conversation.

C'est un modeste appartement s'ouvrant au midi sur une petite terrasse où le soleil verse à profusion sa lumière.

Quelques plantes de capucines et de volubilis grimpent contre la muraille et en masquent la nudité.

Dans l'intérieur de la pièce, un bureau couvert de brochures et de notes manuscrites, un canapé où notre savant aimait à se délasser, un fauteuil, quelques chaises, des cartonniers et quelques rayons de livres, plus fréquemment consultés, une table souvent couverte d'objets provenant de fouilles composent tout l'ameublement.

Aux murailles sont suspendus, outre une belle madone au pastel, plusieurs dessins d'archéologie.

N'omettons pas une petite verrière découpée à jour au centre du plafond et représentant, au milieu des attributs et emblêmes de l'antiquaire, la cathédrale de Rouen et l'église Saint-Jacques de Dieppe.

Que de souvenirs délicieux nous rappelle ce petit sanctuaire de la science où, dès notre enfance, nous avons appris à aimer le docte antiquaire et à nous instruire à son école.

Nous résumerons dans leur ordre chronologique les faits les plus importants de la carrière scientifique de M. l'abbé Cochet depuis son retour à Dieppe.

En 1849, il fut chargé de l'inspection des monuments historiques de la Seine-Inférieure.

Les beaux volumes publiés par lui sur les églises des arrondissements du Havre et de Dieppe le désignaient assez pour ces importantes fonctions.

Les *Eglises de l'arrondissement d'Yvetot* publiées en 1852 font vivement regretter que l'auteur ne se soit pas imposé la tâche d'étendre ses recherches aux arrondissements de Rouen et de Neufchâtel et de compléter ainsi l'histoire ecclésiologique de notre département.

Mais déjà le savant antiquaire s'était consacré exclusivement à l'archéologie et marchait dans cette science de découvertes en découvertes.

Après l'exploration si brillante du cimetière romain de Neuville-le-Pollet (1844), les fouilles de Londinières, en 1847, et celles d'Envermeu, en 1850, en faisant passer sous ses yeux toute une légion de Germains endormis dans leurs tombes avec leurs armes et ornements divers, lui fournirent les éléments d'une science nouvelle à peine entrevue par ses devanciers.

L'archéologie franque doit le jour à M. l'abbé Cochet.

Le premier, il a posé des règles pour discerner sûrement les débris de la civilisation gallo-romaine de ceux que nous ont laissés les farouches envahisseurs de l'époque mérovingienne. Les progrès de la science permettront peut-être de discerner un jour chacun des peuples qui ont successivement envahi nos contrées à partir du quatrième siècle, il lui restera toujours l'honneur d'avoir posé lui-même les jalons que dirigeront ses successeurs dans leurs recherches.

La publication de la *Normandie souterraine* commença à répandre au loin la réputation de M. l'abbé Cochet. Ce beau livre, paru en 1854 et réimprimé dès l'année suivante, obtint la première médaille d'or de l'Institut ; lorsque fut publiée la deuxième édition, l'auteur fut en outre décoré de la croix de la Légion-d'Honneur.

Mais c'est surtout le *Tombeau de Childéric*, publié en 1859, qui affirma sa haute distinction scientifique.

Un médecin antiquaire, le savant Chifflet, avait fait imprimer, en 1655, un ample travail sur ce tombeau du roi franc découvert à Tournai en 1653 (1).

Reprenant en particulier chacun des objets trouvés dans cette riche sépulture du cinquième siècle et les rapprochant des analogues si fréquemment rencontrés par lui dans ses fouilles, M. l'abbé Cochet en fit le sujet d'une série d'études d'archéologie comparée des plus instructives.

Ce livre est une véritable grammaire de l'archéologie franque et sa lecture est indispensable à qui veut étudier les antiquités de l'époque mérovingienne.

Il eut du reste dans le monde savant un très-grand retentissement, principalement au-delà du Rhin, où une traduction allemande en fut publiée.

A peu près vers le même temps, de 1853 à 1858, l'exploration savamment conduite du cimetière de Bouteilles

---

(1) *Anastasis Childerici I, Francorum Regis*. Antuerpiæ, ex off. Balth. Moreti, M. DC. LV. 1 vol. in-4º.

vint révéler à M. Cochet une multitude de renseignements précieux sur nos sépultures chrétiennes du moyen-âge.

De nombreuses générations s'étaient succédé dans ce champ du repos depuis le onzième jusqu'au dix-huitième siècle. En observant, comme le géologue, l'ordre de superposition de ces couches humaines, l'illustre archéologue put discerner chacune d'elles et reconnaître les caractères propres qui la distinguent.

Là encore, il sut découvrir une route inexplorée de la science et l'étude comparée des vases de terre, qui depuis une très-haute antiquité jusqu'à nos temps modernes n'ont cessé d'accompagner la dépouille de l'homme, vint lui révéler un mode nouveau de classer les anciennes sépultures à l'aide de la céramique.

Il faudrait un livre pour signaler les faits nouveaux dont l'archéologie est redevable à M. l'abbé Cochet. Un tel travail ne saurait se renfermer dans les limites d'une simple notice. La bibliographie à laquelle cette esquisse biographique doit servir d'introduction, par le nombre, la variété et l'importance des travaux qu'elle énumère, parlera d'elle-même beaucoup plus éloquemment que nous ne saurions le faire.

Nous nous bornerons, en terminant, à mentionner les belles recherches de notre auteur sur les cercueils de pierre ou de plomb dans l'antiquité et au moyen-âge.

Grâce aux savants mémoires qu'il a publiés sur ce sujet, chacun pourra désormais, à la seule inspection d'une auge funéraire en pierre ou d'un cercueil en métal, déterminer l'époque à laquelle il appartient.

Ainsi un grand nombre de questions se rapportant à l'archéologie sépulcrale, longtemps demeurées sans solution, sont aujourd'hui complètement élucidées par les travaux de M. l'abbé Cochet.

La *Seine-Inférieure historique et archéologique*, publiée en 1864 et rééditée en 1866, et le *Répertoire archéologique de la Seine-Inférieure*, imprimé aux frais de l'Etat en 1871, sont les derniers grands ouvrages sortis de sa plume.

Ils résument l'un et l'autre tous ses travaux antérieurs et forment par leur réunion un magnifique monument élevé à nos antiquités départementales.

En 1864, M. l'abbé Cochet fut nommé correspondant de l'Institut (Académie des Inscriptions et Belles-Lettres), et, en 1867, il succéda à M. Pothier dans la direction du Musée des antiquités de Rouen.

A la suite d'une maladie cruelle, dont les symptômes alarmaient depuis longtemps ses amis, il est décédé à Rouen, le mardi 8 juin 1875, à l'âge de soixante-trois ans.

D'un caractère sympathique et d'une érudition aimable, oublieuse d'elle-même et sachant se dissimuler dans une conversation pétillante d'esprit, M. l'abbé Cochet sera vivement regretté de tous ceux qui l'ont connu.

La science surtout perd en lui un de ses champions les plus dévoués et il est à craindre que cette mort ne marque dans les études archéologiques un temps d'arrêt. Les hommes de la valeur de M. l'abbé Cochet sont en effet des foyers d'activité qui répandent autour d'eux leur influence vivifiante, leur perte a pour conséquence inévitable un retard dans la marche progressive de la science.

NOTICE BIBLIOGRAPHIQUE.

1. — VOLUMES.

LES ÉGLISES DE L'ARRONDISSEMENT DU HAVRE. — 2 volumes in-8 de 46 feuilles, avec 12 lithographies. Cet ouvrage, tiré à 600 exemplaires, a paru par livraisons à Ingouville, chez Gaffney frères et Roquencourt, imprimeurs-éditeurs, de 1844 à 1846.

LES ÉGLISES DE L'ARRONDISSEMENT DE DIEPPE. — Cet ouvrage, en 2 volumes in-8, a paru à deux époques différentes. Le premier volume, renfermant les grandes églises et les abbayes, a été publié en 1846 par Mme Marais, éditeur, chez Lefebvre, imprimeur, rue Duquesne, 3. Il renferme 289 pages et 6 belles lithographies de M. de Jolimont, tirées à Moulins, chez Desrosiers. Le second volume renfermant les *Eglises rurales*, a été publié en 1850, chez Levasseur, imprimeur, rue Duquesne, et renferme 543 pages et 4 jolies lithographies dessinées par M. Achille Deville, mises sur pierre par Dumée fils et tirées à Paris chez Lemercier. Les couvertures sont lithographiées avec grand soin. — Les deux volumes tirés à 500 exemplaires.

LES EGLISES DE L'ARRONDISSEMENT D'YVETOT. — 2 volumes in-8°, avec gravures sur bois intercalées dans le texte et couvertures lithographiées. — Dieppe, Delevoye. 1852; — deuxième édition, Dieppe, Delevoye, 1854-57. — Chaque édition tirée à 500 exemplaires.

LA NORMANDIE SOUTERRAINE, ou *Notices sur des Cimetières romains et des Cimetières francs explorés en Normandie.* — Grand in-8 de XV et 406 pages, avec 16 planches lithographiées et quelques gravures dans le texte. — Dieppe, Delevoye, 1854 ; tiré à 500 exemplaires ; — deuxième édition, corrigée et augmentée, grand in-8 de XVI et 456 pages, avec 18 planches lithographiées, plusieurs gravures sur bois intercalées dans le texte, et un portrait de l'auteur. — Dieppe, Delevoye, 1855; tirée à 700 exemplaires.

SEPULTURES GAULOISES, ROMAINES, FRANQUES ET NORMANDES faisant suite à la *Normandie souterraine.* — In-8 de XVI et 452 pages, avec une planche lithographiée et 350 gravures sur bois intercalées dans le texte. — Dieppe, Delevoye, 1857 ; tiré à 650 exemplaires.

LE TOMBEAU DE CHILDÉRIC Ier ROI DES FRANCS, *restitué à l'aide de l'archéologie et des découvertes récentes faites en France, en Belgique, en Suisse, en Allemagne et en Angleterre*. — Grand in-8 de XXXI et 474 pages, avec 487 gravures sur bois intercalées dans le texte. — Dieppe, Delevoye, 1859; tiré à 1,000 exemplaires.

GALERIE DIEPPOISE : Notices biographiques sur les Hommes célèbres et utiles de Dieppe et de l'Arrondissement. — In-8 de 424 pages, avec 4 planches gravées dont une contient le portrait de l'auteur. — Dieppe, Delevoye, 1862; tiré à 1,500 exemplaires.

LA SEINE-INFÉRIEURE HISTORIQUE ET ARCHÉOLOGIQUE. — *Époques Gauloise, Romaine et Franque.* — In-4 de 552 pages, 1 carte coloriée et 1,000 gravures sur bois. — Dieppe, Delevoye, 1864 ; 500 exemplaires — Deuxième édition, revue et augmentée, in-4 de 614 pages avec 2 planches et 1,100 gravures. Rouen, Boissel, 1866 ; 500 exemplaires.

RÉPERTOIRE ARCHÉOLOGIQUE DU DÉPARTEMENT DE LA SEINE-INFÉRIEURE, rédigé sous les auspices de l'Académie des Sciences, Belles-Lettres et Arts de Rouen. — Paris, Imprimerie nationale, 1871. — In-4 de 652 pages.

II. — BROCHURES.

1. Etretat et ses environs. — Le Havre, 1839. — Gr. in-8 de 60 pages, 3 grav. sur acier. — 300 ex.
2. Rapport pour l'établissement d'une Société charitable de Saint-François-Régis au Havre. — Ingouville, 1839. — In-8 de 12 p. — 300 ex.
3. Essai historique et descriptif sur l'abbaye de Graville. — Le Havre, 1840. — In-8 de 18 p. et lith. — 200 ex.
4. Histoire communale de Criquetot l'Esneval. — Ingouville, 1840. — In-8 de 16 p. — 50 ex.
5. Histoire communale du Tilleul. — Ingouville, 1840. — In-8 de 20 p. — 100 ex.
6. Notice sur la vie et les écrits de dom Guillaume Fillastre. — Rouen, 1841. — In-8 de 31 p. — 200 ex.
7. Compte-rendu des travaux de la Société de Saint-Régis du Havre pendant les années 1839 et 1840. — Le Havre, 1841. — In-8 de 8 p.
8. Discours prononcé le 24 mai 1841 dans la chapelle de la manufacture des dentelles de Dieppe, le jour de la fête de Saint-François-Régis. — Dieppe, 1841. — In-8 de 11 p. — 500 ex.

8 *bis*. Le même avec ce titre : Fête des orphelines. Sermon prononcé.... — Le Havre, 1841. — In-8 de 8 p.

9. Sermon pour la fête de Saint-Sauveur, patron des matelots d'Etretat. — Dieppe, 1841. — In-8 de 8 p. — 200 ex.

10. Sermon pour la fête de Notre-Dame-de-Bon-Secours, patronne des marins de Dieppe. — Dieppe, 1841, In-8 de 18 p. — 500 ex.

11. Souvenir du mois de Marie. — Dieppe, 1841. — In-18 de 4 p. — 3,000 ex.

11 *bis*. Le même, — 1861. — 200 ex.

12. Rapport pour l'établissement d'une Société charitable de Saint-François-Régis à Dieppe. — Dieppe, 1842. — In-8 de 12 p. — 300 ex.

13. L'Etretat souterrain, 1re série; fouilles de 1835 et 1842. — Rouen, 1841. In-8 de 27 p. Lith. — 200 ex.

14. Discours de réception à l'Académie de Rouen. — Rouen, 1842. — In-8 de 19 p. — 100 ex.

15. Rapport sur la Société charitable de Saint-Régis de Rouen. — Rouen, 1842. — In-8 de 10 p. — 500 ex.

16. Les Inondations. Pélerinage à Fécamp, Yport, Vaucotte et Etretat. — Rouen, 1843. — In-8 de 30 p. — 150 ex.

17. Fouilles du Château-Gaillard dans l'arrond. du Havre. — Rouen, 1841. — In-8 de 7 p. Lith. — 50 ex.

18. Croisade monumentale en Normandie au XIIe siècle. — Dieppe, 1843. — In-8 de 16 p. — 100 ex.

19. Anciennes industries de la Seine-Inférieure. Les salines. — Dieppe, 1843. — In-8 de 15 p. — 100 ex.

20. L'Etretat souterrain, 2e série ; fouilles de 1843. — In-8 de 15 p. Plan. — 100 ex.

21. Culture de la vigne en Normandie. — Rouen, 1844. — In-8 de 18 p. — 100 ex.

22. Caveaux de la chapelle du Collége royal de Rouen. — Rouen, 1844, — In-8 de 10 p. Lith. — 50 ex.

23. Notice historique et descriptive sur l'église de Moulineaux. — Rouen, 1845. — In-8 de 12 p. Planche chromolith. — 50 ex.

24. Fouilles de Neuville-le-Pollet. — Rouen, 1845, — In-8 de 18 p. Lith. — 200 ex.

25. Compte-rendu des travaux de la Société de Saint-François-Régis de Rouen, pendant l'année 1844. — Rouen, 1845. — In-8 de 18 p. — 500 ex.

26. Inauguration du buste de Bouzard sur la jetée de Dieppe, le 15 août 1846, — In-8 de 16 p. — 1,000 ex.

27. Sépultures anciennes trouvées à Saint-Pierre-d'Epinay. — Rouen, 1847. — In-8 de 18 p. Lith. — 60 ex.

28. Fouilles de Londinières en 1847. — Rouen, 1848. — In-8 de 27 p. Lith. — 100 ex.
29. Histoire de l'Imprimerie à Dieppe. — Dieppe, 1848. — In-8 de 44 p. — 100 ex.
30. Le manoir des archevêques de Rouen sur l'Alibermont. — Rouen, 1849. — In-8 de 10 p.
31. Itinéraire de Paris à la mer par le chemin de fer de Dieppe. — Dieppe, 1849. — In-8 de 70 p. Lith. — 1,000 ex.
32. Notice sur un cimetière romain trouvé en Normandie en 1849. — Rouen, 1849. — In-8 de 46 p. Lith. — 60 ex.
33. Fouilles d'Envermeu en 1850. — Rouen, 1850. — In-8 de 8 p. Lith. — 50 ex.
34. Notice historique et descriptive sur l'église de Veulettes. — Rouen, 1850. — In-8 de 8 p. Lith. — 50 ex.
35. Etretat, son passé, son présent, son avenir, 1re édit. — Dieppe, 1850. — In-8 de 87 p. Lith. — 500 ex.
35 bis. Le même, 2me édit. — Dieppe, 1853. — In-8 de 104 p. 4 lith. — 500 ex.
36. Notice historique et descriptive sur l'église collégiale de Saint-Hildevert, de Gournay. — Rouen, 1851. — In-8 de 32 p. 32 grav. — 250 ex.
37. Compte-rendu de l'ouvrage de M. l'abbé Lecomte sur les églises et le clergé du Havre. — Dieppe, 1851. — In-8 de 16 p. — 300 ex.
38. Compte-rendu du même ouvrage. — Rouen, 1851. — In-8 de 18 p. — 32 ex.
39. Compte-rendu des Essais historiques de M. l'abbé Decorde sur les cantons de Neufchâtel, Blangy et Londinières. — Neufchâtel, 1851. — In-8 de 8 p. — 50 ex.
40. Rapport sur les fouilles du bois des Loges, arrond. du Havre, faites en août 1851. — Rouen, 1851. — In-8 de 10 p. Lith. — 50 ex.
41. Du sel, des salines et de la mer dans le pays de Caux. — Dieppe. s. d. (1852). — In-8 de 8 p. — 500 ex.
42. Galerie dieppoise. Première série (1re édit.) — Dieppe 1846-1851. — In-8 de 206 p. — 50 ex.
43. Notice historique et descriptive sur l'église d'Oissel. — Elbeuf, 1852. — In-8 de 4 p. — 500 ou 600 ex.
44. Notes sur cinq monnaies d'or trouvées dans le cimetière mérovingien de Lucy, près Neufchâtel, en 1851. — Rouen, 1852. — In-8 de 8 p. Lith. — 100 ex.
45. Notice historique et descriptive sur l'église prieurale de Sigy, arr. de Neufchâtel.—Rouen, 1851.—In-8 de 70 p. 2 grav.—50 ex.
45 bis. Même ouvrage. (2me édit.)—Dieppe, 1854. — In-8 de 8 p. 2 gr. — 200 ex.

46. Notice historique sur l'église de Bures (arr. de Neufchâtel). — Neufchâtel, 1853. — In-8 de 4 p.

46 *bis*. Nouveau guide du baigneur dans Dieppe et ses environs pour 1853. — Dieppe, 1853. — In-18 de 192 p. 8 lith.

47. Epigraphie de la Seine-Inférieure, depuis les temps les plus reculés jusqu'au milieu du XIVe siècle. — Caen, 1855. — In-8 de 56 p. Grav. — 100 ex.

48. Nécrologie de Mme d'Etrépagny. — Dieppe, 1855. — In-8 de 4 p. 200 ex.

49. Notice biographique sur M. Nell de Bréauté. — Dieppe, 1855. — In-8 de 16 p. Portr. — 1,000 ex.

50. Tombeaux chrétiens de la période anglo-normande trouvés à Bouteilles, près Dieppe, en 1855. — Rouen, 1856. — In-8 de 14 p. Grav. — 100 ex.

51. Guide du baigneur dans Dieppe et dans ses environs pour 1856. (2me édition.) — Dieppe, 1856. — In-16 de 225 p. — 1,000 ex.

51 *bis*. Le même (3me édit.) — Dieppe, 1858. — 1,000 ex.

52. Sépultures chrétiennes de la période anglo-normande, trouvées à Bouteilles, près Dieppe, en 1855. — Londres, 1856. — In-4 de 9 p. Pl. — 25 ex.

53. Pierres tombales trouvées à Leure en 1856. — Le Havre, 1857. In-18 de 16 p. — 32 ex.

54. Cimetière franc découvert à Martot, près le Pont-de-l'Arche. — Evreux, 1857. — In-8 de 12 p. Grav. — 50 ex.

55. Note sur la sépulture d'un jeune guerrier franc, découverte à Envermeu en 1856. — Rouen, 1857. — In-8 de 19 p. — 100 ex.

56. Notes on the interment of a young Frankish warrior discovered at Envermeu. — Londres, 1857. — In-4 de 13 p. Grav. et planche coloriée. — 25 ex.

57. Notes sur des sépultures anglo-normandes trouvées à Bouteilles, près Dieppe, en 1856.—Londres, 1857.—In-4 de 7 p. Grav.—25 ex.

58. Pierre tombale, sépulture et vases funéraires du XIIIe siècle, trouvés au Havre (section de Leure) en 1856. — Caen, 1857. — In-4 de 12 p. Grav. — 12 ex.

59. Etretat, son passé, son présent, son avenir (3me édit.) — Dieppe, 1857. — In-8 de 136 p. 4 lith. et grav. — 500 ex.

59 *bis*. Le même, (4me édit.) — Dieppe, 1862. — In-8 de 172 p. 2 lith. et grav. — 500 ex.

60. Sépultures chrétiennes de la période anglo-normande trouvées à Bouteilles, près Dieppe, en 1857. — Londres, 1858. — In-4 de 25 p. Planche coloriée. — 25 ex.

61. Bouteilles, son importance et son rôle au moyen-âge. — Dieppe, 1859. — In-8 de 8 p. — 30 ex.

62. De la coutume d'inhumer les hommes dans des tonneaux en terre cuite. — Paris, 1859. — In-8 de 11 p. — 12 ex.
63. Sépultures chrétiennes de la période anglo-normande, trouvées à Bouteilles, près Dieppe, en 1857. — Caen, 1859. — In-8 de 60 p. Grav. — 50 ex.
64. Notes sur les fouilles exécutées à la Madeleine de Bernay en février 1858. — Londres, 1859. — In-4 de 11 p. — 25 ex.
65. Notes sur quelques chapiteaux mérovingiens. — Amiens, 1859. — In-8 de 4 p. Grav. — 30 ex.
66. Le même. — Dieppe, 1859. — In-8 de 4 p. Grav. — 50 ex.
67. Nécrologie. — M. Auguste Leprevost. — Rouen, 1859. — In-18 de 4 p. — 200 ex.
68. La Seine-Inférieure au temps des Gaulois. — Rouen, 1860. — In-8 de 24 p. Grav. — 100 ex.
69. Hachettes diluviennes du bassin de la Somme. — Abbeville, 1860. In-8 de 74 p. — 500 ex.
70. Inauguration et bénédiction du nouvel hospice de Dieppe. — Dieppe, 1860. — In-16 de 18 p. — 300 ex.
71. Notice biographique sur M. l'abbé Langlois. — Dieppe, 1860. — In-8 de 16 p. — 90 ex.
72. Nécrologie. — M. l'abbé Langlois. — M. Auguste Leprevost. — M. Amédée Feret. — Dieppe, 1860. — In-8 de 20 p. — 150 ex.
73. Voie romaine de Lillebonne à Etretat. — Bolbec, 1860. — In-12 de de 4 p. — 60 ex.
74. Quelques particularités relatives à la sépulture chrétienne du moyen-âge. — Arras, 1860. — In-8 de 20 p. — 50 ex.
75. Etretat. Projets de port militaire. — Bolbec, 1860. — In-4 de 4 p.
76. Archéologie céramique et sépulcrale. — Dieppe, 1860. — In-8 de 19 p. 10 pl. et grav. — 200 ex.
77. Notice historique et archéologique sur la ville, l'abbaye et l'église du Tréport. — Dieppe, 1861. — In-8 de 64 p. — 500 ex.
78. Guide du baigneur dans Dieppe et dans ses environs. 4me édit. — Dieppe, 1861. — In-16 de 368 p. Grav. et lith. — 100 ex.
79. Note sur une sépulture chrétienne du moyen-âge, trouvée à Etaples (Pas-de-Calais) en 1861. — Amiens, 1861. — In-8 de 16 p. Grav. — 100 ex.
80. La Cité de Limes ou le Camp de César à Braquemont, près Dieppe. — Amiens, 1861. — In-8 de 15 p. Grav. — 100 ex.
81. La Seine-Inférieure au temps des Romains. — Rouen, 1861. — In-8 de 17 p. Grav. — 100 ex.
82. Ante-diluvian Hatchets and primitive industry. — Gentleman's magazine, 1861. — 12 copies.
83. Note on a christian grave of the middle ages found at Etaples

in 1861. — Londres, 1861, — In-8 de 6 p. Grav. — 50 copies.
84. Note sur trois cercueils de pierre trouvés à Gouville, arr. de Rouen. — Rouen, 1862. — In-8 de 16 p. — 100 ex.
85. Fouilles faites en 1861 à l'abbaye de St-Wandrille et à la chapelle de Caude-Côte, près Dieppe. — Rouen, 1862. — In-8 de 22 p. Grav. — 100 ex.
86. Note sur des marmites en bronze conservées dans quelques collections archéologiques. — Arras, 1862. — In-8 de 7 p. Grav. — 30 ex.
87. Nouvelles particularités relatives à la sépulture chrétienne du moyen-âge. — Arras, 1862. — In-8 de 20 p. Grav. — 50 ex.
88. Découverte, reconnaissance et déposition du cœur du roi Charles V dans la cathédrale de Rouen, en mai et juin 1862. Le Havre, 1862, — In-8 de 23 p. Gr. — 400 ex. dont 20 de luxe.
89. Notice historique et archéologique sur l'église et le hameau du Petit-Appeville. — Bolbec, 1862. — In-8 de 22 et 23 pages (deux tirages.) Grav. — 500 ex.
90. Notice historique et archéologique sur les Antiquités franques et l'Eglise de Lamberville. — Amiens, 1862. — In-8 de 14 p. Grav. — 400 ex.
91. Découvreurs et pionniers normands. — Pierre Blain d'Esnambuc — Le Havre, 1862. — In-12 de 47 p. — 800 ex. dont 12 de luxe.
92. New facts relative to christian sepulture in the middle ages. — Londres, 1862. — In-8 de 3 p. Grav. — 15 ex.
93. Bénédiction de la chapelle du Petit-Séminaire du diocèse de Rouen, au Mont-aux-Malades. — Rouen, 1862. — In-8 de 7 p. — 200 ex.
94. Exploration des anciens cimetières de Rouxmesnil et d'Etran. — Londres, 1863. — In-4 de 58 p. — 25 ex.
95. Archéologie sépulcrale. — Lyon et Roanne, 1863. — In-4 de 19 p. 2 col. Grav. nombr.
96. Notice sur des sépultures du IVe et du Ve siècles trouvées à Tourville-la-Rivière. — Rouen, 1863. — In-8 de 21 p. Grav. — 150 ex.
97. On a medal of Saint Benedict... with some remarks by John Evans. — Londres, 1863. — In-8 de 5 p.
98. Etudes de sépultures chrétiennes faites de 1858 à 1860 dans les cimetières de Rouxmesnil et d'Etran, près Dieppe. — Caen, 1863. — In-4 de 25 p. Grav. — 25 ex.
99. Nécrologie. — L'Abbé Leguest. — Dieppe 1863. — In-8 de 4 p.
100. Acoustic Pottery. — Londres, 1863. — In-8 de 4 p.
101. Rapport adressé à S. E. M. le Cardinal de Bonnechose sur l'inspection des Eglises de son diocèse pendant les années 1862 et 1863. — Rouen, 1864. — In-8 de 84 p. — 1,000 ex.

102. Note sur des inscriptions tumulaires de moines de la congr. de Saint-Maur autrefois à Jumiéges.... — Rouen, 1864. — In-8 de 8 p. — 50 ex.
103. Discours prononcé à la bénédiction nuptiale donnée par M.l'abbé Cochet à M. Ch. Morel et à Mlle Gabrielle Delevoye. — Dieppe, 1864. — In-8 de 4 p. — 100 ex.
104. Note archéologique sur un cimetière gaulois découvert au Vaudreuil en 1858 et 1859. — Rouen, 1864. — In-8 de 14 p. Grav. — 100 ex.
105. Note sur les poteries acoustiques de nos églises. — **Rouen, 1868.** — In-8 de 11 p. Grav. — 100 ex.
106. Notice biographique et nécrologique sur M. l'abbé Lefebvre, curé de Saint-Sever de Rouen. — Rouen, 1865. — In-12 de 22 p. — 500 ex.
107. Notice sur une ancienne statue de Guillaume-le-Conquérant conservée dans l'église de Saint-Victor-l'Abbaye. — Arras, 1863. — In-8 de 7 p. Grav. — 50 ex.
108. Guide du Baigneur dans Dieppe et dans ses environs. (5me édit.) — Rouen 1865. — In-16 de 320 p. Grav. — 1,200 ex.
109. Plan et description de la ville de Dieppe au XIVe siècle, par MM. Méry et Cochet. — Dieppe, 1865. — In-4 de 40 p. et plan. — 250 ex.
110. Les Origines de Rouen d'après l'histoire et l'archéologie. — Rouen, 1865. — In-8 de 116 p. Grav.
111. Notice sur des fouilles opérées en juin 1864 dans le vallon des Petites-Dalles. — Rouen, 1865. — In-8 de 11 p. — 100 ex.
112. Le Musée de Dieppe. — Dieppe, 1865. — In-8 de 7 p. — 100 ex.
113. Nécrologie. — M. Pierre Lamotte. — Dieppe, 1865. — In-8 de 3 p.
114. Les anciens vignobles de la Normandie. — Rouen, 1866. — In-8 de 52 p. — 100 ex.
115. Mémoire sur une remarquable sépulture trouvée à Lillebonne. — Rouen, 1865. — In-8 de 39 p. Grav. sur bois et sur acier.
115 bis. Le même. — Paris, 1867. — In-8 de 18 p. Grav. — 100 ex.
116. Note sur les Ports et Hâvres dans l'antiquité et au moyen-âge. — Paris, 1866. — In-8 de 6 p.
117. Notice sur une sépulture gauloise trouvée dans la basse forêt d'Eu en juin 1865. — Rouen, 1866. — In-8 de 21 p. Grav. — 100 ex.
118. Rapport sur le prix de travail et de vertu fondé par M. Boucher de Perthes. — Dieppe, 1866. — In-18 de 20 p. — 580 ex.
119. Nécrologie et inhumation de M. l'abbé Vincheneux, curé du Tréport. — Dieppe, 1866. — In-8 de 8 p. — 2,000 ex.

120. Note sur trois cercueils de plomb trouvés à Dieppe en 1866. — Rouen, 1867. — In-8 de 16 p. — 100 ex.
121. Note sur un bracelet de bronze trouvé à Caudebec-lès-Elbeuf en 1865. — Rouen, 1867. — In-8 de 7 p. Grav.
122. Le Tombeau de Sainte-Honorine, à Graville. — Rouen, 1867. — In-8 de 30 p. Grav. — 150 ex.
123. Tombeaux du roi Henri Court-Mantel et du duc de Bedford, à la cathédrale de Rouen.—Rouen, 1867.—In-8 de 24 p. Grav.—100 ex.
124. Notice sur des Antiquités mérovingiennes découvertes en 1866 à Avesnes, près Gournay-en-Bray. — Evreux, 1868. — In-8 de 24 p. Grav. — 100 ex.
125. Notes sur des Fouilles archéologiques faites à Héricourt-en-Caux. — Rouen, 1868. — In-8 de 11 p. Grav. — 100 ex.
126. Catalogue du Musée d'antiquités de Rouen. — Dieppe, Delevoye, 1868. — In-8 de XVI et 151 p. — 700 ex.
127. Etretat, son passé, son présent, son avenir (5me édit.) — Dieppe, Delevoye, 1869. — In-8 de 166 p. Grav. et lith. — 500 ex.
128. Rapport fait à la commission municipale de Dieppe sur la quatrième distribution du prix de travail et de vertu fondé par M. Boucher de Perthes. — Dieppe, Delevoye, 1869. — In-12 de 15 p. — 300 ex.
129. Lettres sur les confessionnaux au moyen-âge. — Arras, 1869. — In-8 de 8 p. Grav. — 100 ex.
130. Mémoire sur les cercueils de plomb dans l'antiquité et au moyen-âge (1re partie). — Rouen, Boissel, 1869. — In-8 de 47 p. Grav. — 100 ex.
131. Notice sur une ancienne statue de Guillaume-le-Conquérant, conservée dans l'église de Saint-Victor-l'Abbaye. — Londres, 1868. — In-4 de 5 p. — 25 ex.
132. Mémoire sur les cercueils de plomb dans l'antiquité et au moyen-âge (2me partie). — Rouen, Boissel, 1870. — 100 ex.
133. Rapport fait à la Commission municipale de Dieppe, sur la sixième distribution du prix de travail et de vertu fondé par M. Boucher de Perthes. — Dieppe, Delevoye, 1871. — In-18 de 18 p. — 300 ex.
134. Rapport fait à la Commission municipale de Dieppe sur la septième distribution du prix de travail et de vertu fondé par M. Boucher de Perthes, — Dieppe, Delevoye, 1872. — In-18 de 18 p. — 300 ex.
135. Archéologie chrétienne et sépulcrale. — Notice sur des sépultures chrétiennes trouvées en mars 1871 à Saint-Ouen de Rouen. — Caen, Le Blanc-Hardel, 1872. — In-4 de 33 p. Grav. et pl. — 100 ex.

135 bis. Le même. — Dieppe, Delevoye, 1872. — In-8 de 44 p. Grav.
136. Notice sur deux fibules scandinaves trouvées à Pitre (Eure), en 1865, et entrées au Musée de Rouen. — Rouen, Boissel, 1871. — In-8 de 16 p. Grav. — 100 ex.
137. Les porches des églises de la Seine-Inférieure à propos du porche de Bosc-Bordel, près Buchy. — Dieppe, Delevoye, 1871. — In-8 de 16 p. 1 pl. — 100 ex.
138. Catalogue du Musée d'antiquités de Rouen (2me édit.) — Rouen, Benderitter, 1875. — In-8 de XVII et 208 p. — 500 ex.

III.

M. l'abbé Cochet a publié en outre dans divers recueils périodiques un certain nombre d'articles de quelque importance qui n'ont point été tirés à part, tels que :

Notice sur l'ancienne abbaye du Lieu-Dieu. *(Revue de Rouen et de la Normandie)*, 1849, p. 28-26.

Une fonderie de canons à Graville, près le Havre, au XVIIIe siècle. *(La Picardie, t. VIII (1862), p, 543-546.)*

Note sur un édifice Gallo-Romain, présumé temple ou laraire découvert et exploré à Caudebec-lès-Elbeuf. *(Bulletin de la Société industrielle d'Elbeuf, 1864 ; 16 p., 5 grav. sur bois.)*

Etc., etc.

Voir les Procès-Verbaux et le Bulletin de la Commission d'antiquités de la Seine-Inférieure ; les Revues de Rouen, de la Normandie, archéologique et de l'Art chrétien ; la France littéraire ; le Bulletin d'Etretat ; la Semaine religieuse du diocèse de Rouen ; les journaux de Rouen et de Dieppe, etc.

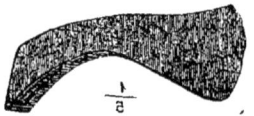

IMPRIMÉ A DIEPPE PAR PAUL LEPRÊTRE & Cie.

www.ingramcontent.com/pod-product-compliance
Lightning Source LLC
Chambersburg PA
CBHW060617050426
42451CB00012B/2300